AF500972

en a un Double de
Armée S. Murat, et
[illegible] a l'armée de Saluces
p. la Rosiere

RELATION
OU
DETAIL HISTORIQUE DE LA CONCESSION D'UNE PORTION DU CORPS DE S. MEDARD,

Faite par Monſeigneur l'Evêque, & le Chapitre de Dijon, à la Paroiſſe de Salency, & de la Tranſlation de cette Sainte Relique dans l'Egliſe dudit Salency.

A NOYON,
Chez P. ROCHER, Imprimeur de Monſeigneur l'Evêque-Comte de Noyon & de la Ville.

M. DCCLXXIV.

RELATION

OU

DÉTAIL HISTORIQUE

DE LA CONCESSION

D'UNE PORTION

DU CORPS DE S. MEDARD,

Faite par Monseigneur l'Evêque, & le Chapitre de Dijon, à la Paroisse de Salency, & de la Translation de cette Sainte Relique dans l'Eglise dudit Salency.

DEPUIS long-tems les Habitans de la Paroisse de Salency, Village éloigné d'une petite lieue de la Ville de Noyon, désiroient avoir des Reliques de leur Patron, Saint Medard Evêque de Noyon & de Tournay, mort en 545.

Ce Saint Pontife a toujours été honoré avec une vénération particulière dans toute l'étendue du Diocèse de Noyon. Plus de quarante Eglises Paroissiales y sont consacrées à Dieu sous son invocation ; mais outre cette raison qui étoit commune à la Paroisse de Salency avec les autres qui l'honoroient comme leur Patron, elle en avoit d'autres plus intéressantes encore.

Ce Saint étoit né dans le Village même de Salency, il en avoit été le Seigneur, & en cette qualité, il avoit fondé un Etablissement qui subsiste encore, & auquel cette Paroisse doit le précieux avantage d'avoir conservé jusqu'à present cette pureté de mœurs, cette piété, cette candeur, cette probité qu'on trouveroit difficilement ailleurs.

Il assigna sur une partie de son Domaine, appellée le Fief de la Rose, une Redevance de vingt-cinq livres, somme très considérable alors, pour être donnée chacune année à la Fille la plus vertueuse de la Paroisse de Salency. Le choix de la personne, & la distribution de la recompense se font en la maniere suivante.

La Fille à qui cette somme, suivant l'intention du Saint Instituteur, est destinée, doit être d'une sagesse universellement reconnue, & d'une conduite irrépréhensible à tous égards, née dans la Paroisse même de Salency, & issue de Parens d'une probité à couvert de tous reproches. Le moindre blâme, la tache la plus legere, soit dans la Fille, soit dans sa famille, seroit un titre perpétuel d'exclusion.

Au commencement du mois de Mai de chacune année, tous les habitans assemblés en présence de la Justice du lieu, choisissent trois Filles, entre toutes celles qui demeurent dans la Paroisse; & par une Requête qu'ils adressent à leur Seigneur, ils le prient de nommer entre les trois qu'ils lui présentent, celle qu'il jugera à propos. A l'instant le Seigneur fait son choix, & sa justice l'annonce.

Le huit Juin, Fête de Saint Medard, jour consacré à la Cérémonie de la Rose, la Fille choisie, qu'on nomme Rosière, se rend à l'Eglise, vetue d'un habit blanc, Symbole de l'innocence, accompagnée de douze Filles de la Paroisse dans le même habillement, & portans chacune un large Ruban bleu en Baudrier. Toutes ont une place distinguée au milieu du Chœur, assistent à la Messe Solemnelle célébrée en l'honneur du Saint Patron, & la Rosière y presente le pain qui doit être béni pour les assistans.

L'après-midi la Rosière suivie du

même Cortege & vêtue de la même manière que le matin, assiste aux Vespres, & y occupe la même place avec ses douze Compagnes.

Dès que les Vespres sont finies, le Clergé la conduit Processionellement, ainsi que les Filles qui l'accompagnent, dans une Chapelle située dans la Paroisse, dédiée à Saint Medard, & bâtie sur son berceau. Le Célébrant y bénit la Couronne de Roses & l'Anneau d'argent qui doivent être la récompense de la Vertu, fait un discours analogue à la Cérémonie, y représente à la Rosiere à quelle sagesse l'engage l'honneur qu'elle reçoit ; & dès qu'elle s'est mise à genoux, il lui donne cette Couronne décorée d'un large Ruban bleu & de l'Anneau qu'il vient de bénir. Le Clergé, en chantant le TE DEUM, la reconduit à l'Eglise, où elle assiste au Salut & à la Bénédiction du très-Saint Sacrement.

L'office fini, on la conduit & ses Compagnes, au son des instrumens d'une musique champêtre, à l'endroit du Village, où les Vassaux du Fief de la Rose sont obligés de lui présenter une Collation, qui nous retrace bien la pureté des mœurs antiques. Une table garnie d'une nappe, six assiettes, six serviettes, deux couteaux, deux verres ; en voilà toute la décoration.

Un lot de vin cru sur la côte du Village, un demi lot d'eau, deux pains, cinquante noix, & un fromage, en voilà tous les mets. La simplicité & la frugalité de nos peres valoient bien notre faste & notre sensualité. Leur joie étoit pure.

SUR la fin de ce sobre repas, les mêmes Vassaux lui présentent par forme d'hommage un bouquet de fleurs, deux eteufs ou balles de jeu de Paume, une flèche & un siffler. Elle est ensuite conduite en la Maison Paternelle, où elle donne une legère Collation à son Cortege. Voilà en quoi consiste le pieux Etablissement du Saint Evêque de Noyon, dont la Cérémonie fait tous les ans l'édification de la Province, & dont le recit a excité, il y a quelques années, l'admiration de toute la Cour.

UN de nos Rois le jugea digne de son attention, & peu s'en fallut qu'il ne l'honorât de sa présence. LOUIS XIII se trouvant en 1640, au Château de Varennes, près Salency, dans le tems de la Cérémonie de la Rose, fut prié d'y assister; mais se trouvant indisposé, il envoya à la Rosière une bague, & son Cordon bleu, par le Marquis de Gordes, premier Capitaine de ses Gardes, & lui permit & à ses Compagnes de le porter tant en ce jour, qu'aux grandes Cérémonies ; & c'est depuis cette époque que la Rosière reçoit une bague, & qu'elle & ses Compagnes portent le Cordon bleu.

La Fête de la Rose a acquis de nos jours un nouveau dégré de célébrité par la libéralité de Monsieur Le-Pelletier de Morfontaine, Intendant de la Généralité de Soissons. Ce sage Magistrat, toujours attentif à ce qui peut rendre utile son administration, & procurer le bien de l'Etat dans son département, ne fut pas plutôt informé de ce pieux Etablissement, & de la manière dont on remplissoit les intentions du Saint Instituteur, qu'il voulut en être le témoin, & s'assurer par lui même des avantages qui en resultoient.

Il vint à Salency le 8 Juin 1766. jour de la Cérémonie; il conduisit lui-même la Fille estimable qui devoit être couronnée; rien n'echapa à ses recherches, & à ses reflexions; le bien qu'il y vit surpassa celui qu'on lui en avoit dit. La sagesse qu'il vit regner dans cette Paroisse toucha son cœur, & se livrant aux sentimens de générosité qui le distinguent & l'honorent, il voulut partager avec Saint Medard la glorieuse satisfaction d'y perpetuer l'Honneur & la Vertu, en augmentant la recompense annuelle, qu'on y accorde à l'un & à l'autre.

Il assigna sur tous ses biens une Rente

perpétuelle de cent vingt livres, dont la Rosière de ladite année 1766. jouira sa vie durante, & qui sera ensuite donnée aux Filles Rosières, qui en jouiront chacune pendant une année.

Il ne dédaigna pas même de rendre visite au Pere & à la Mere de la Fille vertueuse qui avoit mérité son estime ; & en descendant dans leur Chaumière, il rend hommage â l'innocence, qui fait dans ces obscurs reduits son sejour le plus ordinaire.

Dans les années suivantes, quelques-uns de Messieurs les Vicaires Généraux du Diocèse de Noyon ont officié à la Cérémonie de la Rose, & ont fait des présens considérables à la Rosière.

Aprè's cet exposé il n'est pas étonnant qu'un Peuple, dont la Foi a toujours égalé la reconnoissance, désira posséder une portion du Corps d'un Saint qui, outre les vertus éminentes qui avoient rendu sa mémoire précieuse à toute l'Eglise, avoit été son Concitoyen, son Seigneur, son Evêque, & son Bienfaiteur.

Le Corps de Saint Medard, qui naturellement devoit appartenir à la Paroisse de Salency où il étoit né, ou à la Ville de Noyon où il étoit mort, & dont il avoit été le Pasteur, fut enlevé à l'un & à l'autre. Clotaire I. ayant appris sa maladie, étoit venu à Noyon pour recevoir ses derniers avis ; & son dernier soupir ; mais Saint Medard n'étoit plus. Ce Prince voulant donner après sa mort des témoignages publics du profond respect qu'il avoit eu pour lui durant sa vie, fit transporter son Corps à Soissons, Capitale de son Royaume ; & auprès des Murs de cette Ville il fit batir une vaste Eglise, que Sigebert, son Fils, fit achever, & orna avec la plus grande magnificence. Ce fut là, où le Corps du Saint Evêque fut placé, & exposé à la vénération des Peuples, qui venoient de toutes parts implorer son intercession, & participer à ses bienfaits.

Une distance de huit lieues ne permettoit pas aux Habitans de Salency de jouir, aussi souvent qu'ils le souhaitoient, de la douce consolation de rendre leurs devoirs à leur Pere, & à leur Pasteur. Le malheur des tems l'éloigna encore davantage.

Tout le monde sçait quelles furent les cruautés que differens Peuples du Nord, si connus sous le nom de Normans, & trop fameux pour le malheur de la France, exercerent en ce Royaume. L'incursion qu'ils y firent en 886. eut les suites les plus funestes. L'Eglise de Saint Medard eut le sort de plusieurs autres :

elle devint la proye des flâmmes, & fut réduite en cendres. Heureusement les Moines commis à la garde du Corps Saint qui y reposoit, avoient eu l'attention de le soustraire à la fureur de ces Barbares.

En 901. les mêmes Peuples menacérent la France des mêmes ravages. On crut ne pouvoir mettre en sûreté ce précieux Dépôt, qu'en le plaçant dans le Château de Dijon, qui étoit extrêmément fortifié, & passoit pour imprenable; & au mois de Mai de ladite année 901. le Corps du Saint Evêque de Noyon fut déposé dans l'Eglise de Saint Etienne de Dijon.

Cette Ville ne fut pas long tems sans reconnoître le prix du Trésor qu'elle possédoit; le grand nombre de Miracles dont ses Habitans furent les témoins, & les objets, leur inspira la plus grande dévotion envers un Saint, dont ils ressentoient sans cesse la puissante protection.

Les Habitans de Salency auroient pû, sans injustice, envier à cette Ville fortunée un Corps qui leur appartenoit à tant de titres. Ils bornerent leurs Vœux à en posséder seulement une portion; & il fut un tems, où ils eurent lieu d'espérer de voir leurs souhaits accomplis.

Le Chapitre de Noyon se voyant avec

peine privé du Corps d'un Saint, qui avoit ſanctifié ce Diocèſe par ſes Leçons & par ſes Vertus, & à qui d'ailleurs il étoit redevable de la dignité d'Egliſe Cathédrale, députa en 1650. un de ſes Membres à Dijon, pour en demander au moins une partie. Ce voyage eut le ſuccès le plus heureux; le Chanoine député revint chargé des précieuſes Reliques du Saint Evêque de Noyon.

Les Habitans de Salency crurent pouvoir participer à cette grace; & en 1708. ils prierent M. l'Evêque de Noyon & ſon Chapitre de détacher une parcelle de ces Saintes Reliques, pour nourrir leur piété, & entretenir leur reconnoiſſance. Une Requête ſi juſte avoit été reçue favorablement: déja une Chaſſe très propre que M. Gillot Chanoine de Noyon avoit fait faire à ſes dépens, étoit prête à la recevoir; les pieux Enfans de Saint Medard étoient au comble de leur joie, dans l'eſpérance de voir bientôt un Reſte précieux de leur Pere repoſer au milieu d'eux. Mais dans le moment même qu'ils ſe livroient à des ſentimens ſi naturels, & en même tems ſi Chrétiens, des circonſtances qu'ils n'avoient pu prévoir, & auxquels ils n'eurent aucune part, s'oppoſerent à leur bonheur, & les priverent encore pour cette fois de ce qui faiſoit depuis un si grand nombre d'années l'objet de leurs désirs.

IL étoit réservé à MONSEIGNEUR CLAUDE-MARC-ANTOINE DAPCHON, qui occupe si dignement le Siege Episcopal de Dijon, & à son respectable Chapitre de récompenser une persévérance si soûtenue, & d'éxaucer des vœux qui méritoient d'autant plus des égards, qu'ils avoient toujours été formés par la Piété & la Justice.

DEPUIS l'époque de 1708. l'empressement des Habitans de Salency d'avoir de Saintes Reliques tant de fois, & toujours en vain désirées, s'accrut de plus en plus. Les fréquens Pelerinages qu'ils sont dans l'usage de faire à Saint Claude, leur donnoient occasion de passer par la Ville de Dijon, ou ils sçavoient que le Corps de Saint Medard reposoit; la dévotion d'y honorer le Saint Evêque de Noyon égaloit au moins celle d'aller au Tombeau du Saint Evêque de Besançon.

LEURS retours étoient toujours suivis des plus vifs regrets de n'avoir aucune dépouille d'un Pere qui leur étoit si cher, & dont la mémoire leur étoit si précieuse. Souvent on les a vu aller chez leurs Pasteurs, & les prier de la maniere la plus pressante de leur procurer la consolation de rendre un culte Religieux aux Reliques de leur Saint Patron, dans le lieu même où il avoit reçu le jour.

UNE demande aussi pieuse & aussi juste fut renouvellée le quinze du mois de Novembre 1773. Sept Habitans * autorisés par toute la Paroisse, allerent trouver M. Jacques-François Sauvel, Religieux de l'Ordre de Prémontré, qui gouverne avec autant de zèle que de sagesse la Paroisse de Salency, & s'offrirent de faire le voyage de Dijon, pour y demander une portion des Reliques de Saint Medard, s'en raportant à ses lumieres, & à sa prudence, pour leur indiquer les moyens qu'ils devoient employer, pour y parvenir.

* PIERRE SEZILLE dit ALLAIN.
JEAN-SIMON LAMBERT.
MEDARD DENIS.
PIERRE GRANDIN.
PIERRE SEZILLE dit BRUAINES.
JEAN-FRANÇOIS DE SAINT-QUENTIN.
CLAUDE DENIS.

Ce respectable Pasteur, aussi attentif à connoître les besoins de ses Ouailles qu'à y pourvoir, désiroit depuis long-tems leur procurer, ainsi qu'à lui même, cette satisfaction. L'empressement qu'il vit dans tout son Troupeau, lui parut avoir quelque chose de surnaturel ; il crut qu'il ne pouvoit venir que de Dieu, & qu'enfin le moment, où il vouloit favoriser son Peuple d'une grace qu'il attendoit depuis si long-tems, étoit arrivé. Il dresse une Requête, que toute sa Paroisse s'empresse de signer, & qui à l'instant est remise aux Députés, dans la confiance que la Divine Providence feroit le reste. Il ne fut pas trompé.

M. le Prieur-Curé de Salency, pensoit que l'Eglise Saint Etienne de Dijon, dépositaire du Corps de Saint Medard, étoit comme autrefois, desservie par des Religieux ; & ignorant qu'elle fut changée en Eglise Cathédrale, il avoit adressé sa Requête aux Abbé & Religieux de Saint Etienne de Dijon. Cette erreur pouvoit nuire à la réussite de la Députation. Mais la suite apprendra que cette sainte entreprise étoit l'ouvrage de Dieu même.

Les sept Députés crurent avec raison ne pouvoir mieux se disposer à remplir avec un heureux succès, la glorieuse Ambassade dont ils étoient chargés, que par la reception des Sacremens. En conséquence ils s'approchent du Tribunal de la Pénitence, & se présentent à la Table Sainte. Munis de ces Secours spirituels, & emportans avec eux les vœux de toute la Paroisse, un bâton à la main, une besace sur les épaules, vêtus de quelques habits grossiers, sans connoissance, sans protection, sans aucune recommandation auprès de M. l'Evêque de Dijon, & de son Chapitre, n'ayant à leur offrir qu'un air champêtre, & un langage inconnu, ils partent le 16. Novembre 1773. & arrivent à Dijon le 24. du même mois.

La Politique mondaine ne se seroit jamais avisé de croire qu'une pareille Députation fut favorablement accueillie. Elle ignore que les ames honnêtes, que les cœurs veritablement grands respectent toujours les droits de la Vertu, sous quelque forme qu'elle paroisse, sous quelque habit qu'elle se présente.

Arrivés sur le soir à Dijon, ils oublient les fatigues de leur Voyage, ne cherchent pas même un gîte pour se reposer. Ne s'occupans que de l'objet de leur Mission, ils vont où la divine Providence les conduit. Elle les adresse à M. Bodier Chanoine de Dijon, Vicaire Général, & Archidiacre du Diocèse ; ce charitable Dignitaire les reçoit avec affabilité, & le lendemain matin les présente à M. l'Evêque.

Cet illustre Prélat, ouvre la Requête qu'ils lui donnent, il la lit avec attention. La Priere qui en est l'objet, le saint empressement, & les sentimens de piété avec lesquels cette Priere lui est faite, touchent son cœur, & lui font répandre des larmes. Il jette des regards de bonté sur ces bonnes gens qui sont à ses pieds, il leur parle avec tendresse, & met le comble à leur joie, en leur donnant l'esperance de voir leurs desirs accomplis.

Pour détacher une portion du Corps de Saint Medard en faveur des Habitans de Salency, le consentement du Chapitre étoit necessaire. M. l'Evêque l'assemble, & y préside lui-même. Il expose l'objet de la demande des Députés, plaide leur Cause, & en fait voir la justice ; & aussi-tôt cette vénérable Compagnie partage avec son auguste Chef la joie d'obliger une Paroisse à qui elle est redevable du précieux Trésor dont elle est Dépositaire.

Dans le moment même, où le Chapitre assemblé délibéroit sur cet objet, les Habitans de Salency, sans sçavoir qu'il étoit question alors de ce qui les interessoit tant, assistoient dans leur Eglise à une Messe solemnelle du S. Esprit, qu'on y célébroit pour obtenir les graces du Ciel pour l'heureux succès de la Députation.

Dieu seul a conduit cette affaire, elle n'éprouva pas la plus legere opposition ; on peut s'en convaincre par la lecture de la Lettre que M. l'Evêque de Dijon écrivit à M. le Prieur de Salency, en date du 30. Novembre 1773. la piété s'y peint elle-même avec tous les traits qui la caractérisent, & qui la rendent si précieuse & si aimable : elle sera certainement la partie la plus intéressante de ce recit, & par la pureté du stile, & par les sentimens du cœur. La voici toute entiere.

» La Députation, que vous, Monsieur, » & vos Paroissiens avés envoyée ici, pour » demander des Reliques de votre Saint » Patron, est une preuve bien satisfai- » sante de la foi & de la piété, qui regnent » dans votre Paroisse ; & ce que vous me » mandés de la pureté de mœurs, & de » l'honnêteté qui s'y est conservée entiere, » depuis tant de siécles, m'a touché jus- » qu'aux larmes. Que vous êtes heureux, » M. d'avoir à conduire un peuple que le » Seigneur semble avoir si spécialement » privilegié ; & que votre Peuple est heu- » reux d'avoir eu, sans doute, une suite » non interrompue de dignes Pasteurs, qui » l'ont conduit dans les voyes de la justi- » ce, & l'ont préservé de la corruption

» malheureusement

» malheureusement si générale ! On ne » peut attribuer un bonheur si inestimable, qu'à laptotection du SAINT, qui » a pris naissance dans cette Paroisse fortunée, & qui en a été le Seigneur, & » le Pasteur. Il veille du haut des Cieux » au salut d'un Peuple qui lui est cher. Il » est bien juste que ce Peuple reconnoissant cherche à se procurer tout ce qui » peut lui rappeller, & lui rendre en quelque façon plus présent, un protecteur » à qui il doit des faveurs du Ciel si signalées. Mon Chapitre est entré, ainsi » que moi, dans ces sentimens ; Nous » nous sommes portés avec empressement » & avec zèle, à seconder la piété de » vos Paroissiens ; & quoique par erreur » leur Requête ne nous fut pas adressée, » nous avens arrêté de leur accorder, » comme ils le demandent, une petite partie des Reliques de Saint Medard. Mais » nous ne croyons pas à propos de remettre un dépôt si précieux à leurs Députés, » en présence desquels nous nous proposons cependant de faire l'ouverture de » la Chasse, & de sceller dans la boëte » destinée à cet effet, la partie que nous » vous destinons. En 1650, lorsque l'Abbaye de Saint Etienne, à présent Eglise Cathédrale, accorda à l'Eglise de » Noyon la partie qu'elle possède des Re-

„ liques de Saint Medard, le Chapitre
„ envoya un Chanoine, muni de Procu-
„ ration, pour la recevoir. Mais comme
„ les frais du Voyage pourroient être trop
„ onereux, & trop forts pour une Com-
„ munauté de Campagne, vous pouvés
„ m'envoyer par la Poste, une Requête
„ pareille à celle dont vous aviés chargé
„ vos Députés, signée de vous & de vos
„ Paroissiens, recommandée par M. l'Evê-
„ que de Noyon, ou un de MM. ses
„ Grands Vicaires, & adressée à M. l'Evê-
„ que de Dijon, & à MM. les Vénérables
„ Doyen, Chanoines, & Chapitre de
„ l'Insigne Eglise Cathédrale de Dijon.
„ Au cas que M. l'Evêque de Noyon soit
„ à Noyon, je lui adresserai par une voye
„ sure & prompte les Reliques que vous
„ irés recevoir chés lui, & les transpor-
„ ter dans votre Eglise, avec la Solem-
„ nité convenable. Si M. votre Prélat
„ n'est pas à Noyon, vous previendrés un
„ de MM. ses Grands Vicaires, que vous
„ m'indiqueriés, & auquel je les adres-
„ serois. Je vous previens M. que la con-
„ cession que nous vous faisons, n'est pas
„ gratuite. Mon Chapitre, & moi avons
„ trop de confiance aux Prieres d'une
„ Paroisse aussi vertueuse, & d'un Pasteur
„ si digne d'entretenir ces sentimens, pour
„ ne pas retenir que chaque fois que l'on

„ exposera les Reliques de Saint Medard ; „ l'on fera une priere pour ceux qui ont „ fait part de ce précieux Trésor. Soyés „ persuadé des sentimens d'estime & de „ vénération avec lesquels je suis, M. „ Votre très-humble & très obéissant ser- „ viteur. † Cl. M. A. Ev. de Dijon.

Il seroit difficile d'exprimer quelle sensation une Lettre si consolante fit dans toute la Paroisse de Salency. M. le Prieur, & les Habitans ne purent en entendre la lecture, sans verser des larmes, Tantôt se livrant aux mouvemens d'une sainte joye, tantôt saisis des sentimens d'une juste admiration, ils ne cessoient de bénir le Dieu des miséricordes, qui avoit permis que leur Requête, nonobstant l'erreur involontaire qui pouvoit la rendre infructueuse, eut le plus heureux succés : & voulant lui en témoigner toute leur reconnoissance, il font célébrer une Messe solemnelle en actions de graces, à laquelle ils assistent tous.

Aprés avoir satisfait à ce qu'ils devoient à Dieu, ils s'empressent de donner des preuves autentiques de leur gratitude envers leurs respectables Bienfaiteurs ; & dans une assemblée génerale qu'ils tiennent le 19. Décembre 1773. ils s'engagent, & leurs successeurs à perpétuité, à prier pour M. Claude-Marc-Antoine Dapchon Evêque de Dijon, & les Vénérables Doyen, Chanoines, & Chapitre de la même Ville. A cet effet ils s'obligent de la maniere la plus solemnelle, à chanter le jour de la Susception des Reliques de Saint Medard, le jour de la principale Fête, & toutes les fois que les Reliques seroient exposées à la vénération des Fideles, l'Antienne & l'Oraison de Saint Etienne, avec l'Oraison *pro Episcopo*, & celle *pro Congregatione*, & de présenter une Requête à M. l'Evêque Comte de Noyon, pour le supplier de revêtir du sceau de son autorité ledit Acte d'Assemblée, & d'en perpétuer les charges à leurs successeurs; ce qui a été fait par une Ordonnance de Monsieur de Balanzac, Chanoine de Noyon, Archidiacre, & Vicaire Général du Diocèse du 24 Decembre 1773.

TANDIS que les Habitans de Salency donnoient dans leur Paroisse des preuves si autentiques de leur piété, & de leur reconnoissance, leurs Députés édifioient toute la Ville de Dijon. Prosternés continuellement devant la Chasse qui renferme le Corps de Saint Medard, ils ne connoissoient d'autres exercices que celui de la Priere. Si l'heure de midi les appelle à un sobre repas, à peine ont ils reparé leurs forces épuisées, par une maigre soupe, & un morceau de pain & de fromage, qu'ils volent dans ce ſaint lieu qui fait tous leurs délices, & le ſoleil, qui à ſon lever les avoit trouvé à genoux & en priere, ſe couche en les laiſſant dans la même poſture, & dans le même exercice.

La ſomme qu'ils avoient emportée avec eux pour les frais de leur voyage, n'étoit pas conſidérable. Cinquante livres ſeulement formoient leur Tréſor; il étoit analogue à leur économie & à leur fortune. Comme leur ſéjour à Dijon pouvoit être plus long qu'ils ne penſoient, M. leur Paſteur crut cette ſomme inſuffiſante pour pourvoir aux beſoins de ſept perſonnes dans une route de près de cent lieues. En conſéquence il avoit donné des ordres pour qu'on leur remît de l'argent de ſa part: mais la charité de M. l'Evêque de Dijon y avoit pourvu, & cet illuſtre Prélat, dont la bienfaiſance égale la piété, s'étoit chargé des frais de leur nourriture. En vain il voulut les engager à ſe nourrir mieux, leur frugalité ne ceda pas à des ordres ſi charitables. Il leur fit même l'honneur de les inviter à manger chez lui, & leur donna dans ſon Palais Epiſcopal un diner digne de ſa bonté & de ſa munificence. Exemple d'humilité & de charité digne d'être tranſmis à la poſtérité la plus reculée ! Héroïsme de vertu, qui a si souvent honoré les Saints Evêques des premiers siècles, des plus beaux jours de l'Eglise !

ENFIN arrive ce jour depuis si long-tems attendu, où les Habitans de Salency devoient obtenir une portion du Corps de leur ancien Seigneur, & de leur Saint Patron 9. Décembre 1773.

M. l'Evêque de Dijon, qui s'étoit toujours déclaré en leur faveur, veut consommer la bonne œuvre qu'il a si généreusement commencée, & faire lui même la Cérémonie. Il officie pontificalement à la Messe qui la précède, & y donne la Sainte Communion aux sept Députés.

LA Messe étant finie, il fait ouvrir la Chasse de Saint Medard, en présence d'une foule innombrable de Personnes, que ce spectable religieux y avoit attiré, avec toutes les formalités que la Religion & la prudence prescrivent, pour donner à une action aussi importante toute l'autenticité qu'elle requiere. Il examine le précieux Dépôt qui y étoit renfermé. Il trouve le Corps du Saint admirablement conservé, ce sont ses termes ; en détache une des Vertebres des Lombes, pour la Paroisse de Salency, & donne aux Députés la satisfaction de voir, & de révérer les premiers cette Précieuse Relique.

APRÈS qu'elle eut été exposée quelques tems à la vénération des fidèles, M. l'Evêque l'envéloppe dans une étoffe de soye, la met dans une boëte; & après l'avoir fait lier avec des Rubans violets, il y met son Seing, y fait apposer son Sceau & celui du Chapitre de Dijon, & la fait placer dans un lieu sûr & décent, jusqu'à ce qu'elle soit envoyée à M. l'Evêque de Noyon.

CETTE Cérémonie faite, le séjour des Députés à Dijon n'avoit plus d'objet, leurs vœux étoient remplis au-delà même de leurs espérances. Aussi dès le lendemain se disposerent-ils à revenir dans leur Patrie. Ils firent en leur maniere, & le mieux qu'ils purent, leurs très-humbles remercimens au respectable Prélat, & au vénérable Chapitre qui les avoient si gracieusement favorisé, & on sent que ce fut avec plus de candeur & de franchise, que d'élégance. M. l'Evêque, qui avoit pourvû si généreusement aux frais de leur séjour n'oublia pas ceux de leur retour. Il leur présenta une somme considérable; ils ne voulurent accepter que ce qui étoit absolument nécessaire pour les conduire à Salency. En vain les Demoiselles Fabarel sœurs de M. le Grand Chantre de l'Eglise de Dijon les pressent de recevoir quatre Louis qu'elles leur offrent, le desinteressement de ces bonnes gens triomphe de la charité de ces vertueuses Demoiselles ; ilsleur disent avec leur candeur ordinaire qu'ils ne sont pas venus à Dijon pour avoir de l'argent, mais pour obtenir des Reliques de leur Saint Evêque & de leur Saint Patron. Ils partent le 10 Decembre, en laissant dans cette Ville la bonne odeur de leurs Vertus.

Les Habitans de Salency qui, dès qu'ils eurent reçu la Lettre de M. l'Evêque de Dijon, avoient fait célébrer une Messe Solemnelle, en actions de graces de l'heureux succès de leur Députation, ne sçavoient pas que ce jour-là même on faisoit l'ouverture de la Chasse de Saint Medard en leur faveur. Ils en furent informés par une Lettre que cet illustre Prélat écrivit à M. leur Pasteur en date du 14. Décembre, qui comme la premiere, mérite d'avoir la place icy. Elle est conçue en ces termes.

„ J'ai reçu, M. avec la plus grande satisfaction votre Lettre du six de ce mois, „ & la Requête qui y étoit jointe. Mon „ Chapitre y a reconnu, ainsi que moi, „ votre zèle & votre pieté, & nous y „ avons vu avec bien de la reconnoissance „ que vous & vos Paroissiens voulés bien „ adresser pour nous des prières au Seigneur

„ gneur, & pourvoir à ce qu'elles ſe con-
„ tinuent d'année en année, nous y avons
„ la plus grande confiance, & nous nous
„ regardons comme abondamment recom-
„ penſés du préſent que nous vous fai-
„ ſons. C'eſt ſans doute par une diſpoſi-
„ tion particuliere de la Providence, que
„ nous avons fait l'ouverture de la Chaſſe
„ de Saint Medard le même jour que vous
„ avés chanté une Meſſe Solemnelle en
„ actions de graces. Le Jeudy 9 de ce
„ mois nous avons reconnu les Oſſemens
„ du Saint admirablement conſervés.
„ Nous en avons extrait une des Verte-
„ bres des Lombes, que nous vous deſti-
„ nons. Le Concours du Peuple à cette
„ Cérémonie étoit très conſidérable; la
„ piété & la ferveur des Députés de votre
„ Paroiſſe ont édifié tous les aſſiſtans.
„ Ils ont communié de ma main, ils ont
„ eu la ſatisfaction de voir & de révérer
„ les premiers la précieuſe Relique de
„ leur Saint Patron. Ils ſont partis le
„ lendemain, laiſſant ici la bonne odeur
„ des Vertus qui font la gloire & le bon-
„ heur de votre Paroiſſe. Je leur ai pro-
„ mis que vous n'iriés recevoir les Re-
„ liques, qu'après qu'ils ſeroient arrivés.
„ Il eſt bien juſte qu'ils aient la ſatiſ-
„ faction d'aſſiſter à une Cérémonie,
„ qu'ils ont préparée avec tant de zèle. Je

„ fais partir aujourd'hui ce précieux Dé-„ pôt que Monsieur de Balanzac recevra „ dans peu. Je vous prie, en m'en accusant „ la réception, de m'adresser aussi un dou-„ ble conforme du Procès Verbal de vérifi-„ cation qu'en aura fait M. le Grand „ Vicaire. Nous voulons conserver dans „ nos Archives tout ce qui a rapport au „ grand Saint dont nous avons le bon-„ heur de posséder les Reliques. Soyés „ persuadé, je vous prie, des sentimens „ d'estime & de considération avec les-„ quels je suis M. Votre très humble „ &c.

Ce Saint Dépôt fut rendu à Noyon le 24. Décembre 1773. Le jour même Monsieur de Balanzac, au commencement d'une Messe Solemnelle célébrée dans la Chapelle du Palais Episcopal en l'honneur de Saint Medard, fit pour l'absence de M. l'Evêque Comte de Noyon l'ouverture de la Boëte où il étoit renfermé. Cet illustre Prélat, la gloire & les délices de son Diocèse, auroit souhaité pouvoir faire une Cérémonie si digne de sa piété, & donner en cette occasion à sa Ville Episcopale un témoignage public de la profonde vénération qu'il a pour le premier de ses Prédécesseurs ; mais les longues infirmités par lesquelles la divine Providence éprouve sa patience, le priverent de cette consolation. Dès qu'il fut informé de la grace que M. l'Evêque de Dijon avoit accordé aux Habitans de Salency, il s'empressa de lui en marquer toute sa sensibilité, & de le remercier du Trésor dont il avoit enrichi une Paroisse, dont la vertu avoit gagné son estime.

La première attention de M. le Vicaire-Général fut de constater l'état de la Boëte qu'il avoit reçuë ; le Procès-Verbal de M. l'Evêque de Dijon, & celui de son Chapitre sont lùs & examinés. Tout est trouvé dans la meilleure forme. Il tire avec respect la précieuse Relique de la Boëte où elle étoit déposée, il l'expose à la vénération des assistans.

Un nombre infini de personnes de tous les états furent présens à cette pieuse Cérémonie. les Habitans de Salency n'eurent garde d'y manquer, elle les interessoit trop, pour qu'ils ne vinssent pas y prendre la première part, à peine pouvoient-ils s'en rapporter aux témoignages de leur yeux ; & dans le saint transport de la piété la plus tendre, & de la joye la plus vive, de posseder enfin un Trésor que leurs Peres avoient si souvent, & toujours inutilement désiré, ils bénissent le Dieu de bonté qui leur a accordé un don si précieux.

Monsieur de Balanzac met la Sainte Relique dans une Boëte d'argent fermée d'une glace par le haut ; la pose sur un petit oreiller de soye rouge, l'y attache par quatre lacs de soye de même couleur, & y fait apposer quatre sçeaux des Armes de M. l'Evêque-Comte de Noyon. Il place cette Boëte dans la Chasse* donnée par M. Gillot, y enferme son autentique, ainsi que celles de M. l'Evêque de Dijon & de son Chapitre, la fait fermer à la clef, & fait apposer les Armes de M. l'Evêque sur le trou de la serrure.

QUELQUE satisfaits que dussent être les Habitans de Salency, leur joye cependant n'étoit pas complette. Il manquoit encore quelque chose à leur tranquillité, & par conséquent à leur bonheur : la Sainte Relique de Saint Medard n'étoit pas chez eux. Tous les jours ils alloient trouver M. leur Curé, & le prioient de fixer un jour, pour en faire la translation dans leur Eglise. En vain ce charitable Pasteur leur expose-t-il qu'il n'est pas possible de faire cette Céré-

* Cette Chasse est haute de treize pouces, longue de quatorze & large de huit & faite de Bois d'Ebéne, ornée en dedans d'un Satin rouge, enrichie en dehors d'Ornemens dorés. Au dessus est une Statue de Saint Medard de Vermeil.

monie dans le milieu de l'hiver; en vain leur représente-t-il que les pluyes sont continuelles, les chemins impratiquables, & qu'il faut attendre une saison plus favorable, pour faire cette translation avec moins de peine & plus de décence, ils lui repondent qu'ils esperent de la bonté de Dieu, & de l'intercession de Saint Medard, avoir un beau tems pour le jour qu'il voudra leur désigner; ils s'engagent à rendre le chemin aussi propre, que dans la plus belle saison de l'année.

M. le Prieur ne pouvant résister à de si pressantes sollicitations, annonce la Cérémonie pour le 11 Janvier 1774. A l'instant ces zelés Paroissiens s'arment des instrumens de leur profession, & avec la bêche & le hoyau, ils parcourent tout le chemin depuis l'Eglise de Salency jusqu'à la porte de la Ville de Noyon; ils en ôtent la boue, en couvrent une partie de sable, & en deux jours, ils le rendent aussi net, que si le tems avoit été sec depuis six mois.

Le Chapitre de Noyon, qui dans tous les tems a fait paroître la plus grande vénération pour Saint Medard, le premier de ses Evêques, & le plus signalé de ses Bienfaiteurs, n'eut pas plutôt entendu parler de cette Cérémonie, qu'il voulut en augmenter la pompe, & donner à ce grand Saint des preuves de son respect, & de sa reconnoissance. Il arrêta qu'il iroit chercher la Chasse dans la Chapelle Episcopale, qu'on la porteroit en procession dans toute l'Eglise Cathédrale, qu'ensuite une Messe Solemnelle à laquelle M. le Doyen officieroit, seroit célébrée en l'honneur du Saint, & qu'à l'issue d'icelle le Chapitre, en corps, la conduiroit avec le plus grand appareil jusqu'à la porte de la Ville qui conduit à Salency.

Enfin arrive, le 11 de Janvier, jour consacré à la Cérémonie. Le tems étoit bien changé, & les vœux de nos bons Habitans avoient été exaucés. Une gelée forte, un air serein annoncent dès l'aurore un soleil brillant, tout concourt à leur bonheur; & ce jour, qui selon le langage de leur piété, devoit être un des plus beaux jours de leur vie, fut le plus beau jour de l'hyver.

Long-tems avant qu'il les éclaire, ils sont dans l'Eglise, & se disposent par la priere à la pieuse Cérémonie qu'ils vont faire; plusieurs même s'y étoient déja préparés par la Sainte Communion.

Sept heures sonnent, & à l'instant on voit partir cette édifiante Procession, beaucoup plus respectable par la piété de ceux qui la font, que par les ornemens qui la décorent. Tous y assistent. Il ne reste dans le Village que les enfans au berceau, & quelques hommes attachés au service des cloches : encore leur faut-il des ordres, pour les consigner à leur Poste.

Elle s'avance d'un pas lent vers Noyon, & à neuf heures le chant des Saints Cantiques annonce son entrée dans cette Ville. On voit paroître M. le Prieur Curé de Salency, revêtu de l'Etole & de la Chappe, précédé par la Croix, & accompagné par un nombreux Clergé, aussi en Chappes. Tous les Hommes & les Garçons tête nuë, malgré la rigueur du froid, tenant un Cierge d'une main, un Livre de Prieres, ou un Chapelet de l'autre, marchent sur deux rangs dans le plus grand ordre. A leur suite on voit la Rosiére de l'année 1773. en habits blancs, portant sur la tête, la Couronne ornée du Cordon bleu, un Cierge à la main, & suivie de trente-deux de ses Compagnes, aussi vêtues de blanc, & décorées du Cordon bleu, en Baudrier. Soixante Garçons armés de fusils, sont distribués sur les deux rangs pour empêcher la confusion que l'affluence des spectateurs pouvoit y mettre. Toutes les Femmes & Filles du Village ferment la marche,

Tous se rendent dans la Chapelle du Palais Episcopal, où la Chasse étoit placée sur un Reposoir très-propre, qui avoit été dressé à cet effet. Dans le tems qu'ils ne s'occupent qu'à donner à leur Saint Patron des témoignages de leur piété & de leur foi, le Chapitre en Corps, & avec tout l'appareil qu'il apporte dans les plus grandes Cérémonies arrive dans la Chapelle. Mrs les Grand Chantre, & Sous-Chantre entonnent un Répons que le Chœur chante en l'honneur du Saint, le Célébrant accompagné du Diacre, du Sous-Diacre, des quatre Induts, fait les Ensencemens au tour de la Chasse, & dès qu'il eut chanté l'Oraison convenable, deux Chanoines en Aubes & Dalmatiques, se chargent avec respect de ce précieux dépôt.

Le Chapitre, précédé du Clergé de Salency, descend de la Chapelle, & conduit la Sainte Relique en triomphe dans toute l'Eglise Cathédrale, au son de toutes les cloches, & en chantant des Hymnes analogues à la Cérémonie. Les sept Députés, ayant chacun une Couronne, sur la tête, & un Cierge à la main, marchant sur deux rangs à côté de la Chasse; ils méritoient bien cette distinction. Toute la Paroisse de Salency dans le même ordre qu'elle avoit observé en entrant dans la Ville, la suit. MM. les Curés de

Noyon, prirent leur rang à la tête de MM. les Chanoines, & se firent un devoir de partager avec eux la joie d'honorer un Saint, pour lequel ils ont toujours eu une vénération particuliere.

Si jamais spectacle fut touchant, c'est celui dont nous faisons le recit. Cette pieuse Cérémonie fut une fête pour la Ville de Noyon. Tous les Habitans de tout âge, de tout sexe, & de toute condition s'empresserent d'y assister; & la devotion qui les y attira fut bien recompensée par les sentimens qu'ils y éprouverent. La piété des bons Habitans de Salency, qui la tête baissée, les yeux en pleurs, la joie peinte sur le visage, suivoient avec le plus profond respect ce Saint Dépôt, qui après avoir été si long-tems l'objet de leurs desirs, étoit pour lors celui de leur bonheur, se communique à tous les assistans : elle touche leurs cœurs, & leurs fait repandre des larmes. Nous ne disons que ce que nous avons éprouvé nous mêmes, & ce que mille autres ont éprouvé avec nous. Tous dans l'admiration & le silence, bénissoient la Misericorde Divine, d'avoir dans ce malheureux Siécle d'incredulité & de libertinage, procuré à cette Ville, autrefois si recommandable par sa piété, un triomphe si glorieux, & si consolant pour la Religion. Tous sentirent renaître en eux cette foi vive, cette tendre devotion dont nos peres se faisoient honneur, & rendoient hommage à la vertu & à la ferveur de ces bonnes gens, qui avoient sçu si bien les attendrir & les édifier. En vain l'Impiété, se mêlant dans la foule, observe-t'elle de son œil méchant tous les détails de cette religieuse Cérémonie : elle est reduite au silence, & son air déconcerté annonce sa defaite & son desespoir.

La Procession étant finie, la Chasse est placée sur une crédence élevée au milieu du Sanctuaire. M. le Curé de Salency & son Clergé revêtus de leurs Chappes y sont placés honorablement, & l'environnent. Son Peuple à genoux sur deux rangs dans la nef y entend avec sa dévotion ordinaire la Messe célébrée solemnellement en l'honneur de son Saint Patron, par M. Gosset Chanoine, Ecolâtre de l'Eglise de Noyon, & Vicaire-Général du Diocèse, qui avoit été invité par le Chapitre, pour remplacer M. le Doyen qu'un dérangement de santé empêchoit d'officier.

Dès que la Messe est achevée, les deux Chanoines, qui avoient porté la Chasse dans la Procession faite dans la Cathédrale, s'en chargent de nouveau. Le Chapitre avec le même Cortege, & dans le même ordre que dans la premiere Procession, la conduit par les grandes Rues & les Places publiques, jusqu'à la Porte Damjourne au son de toutes les cloches de la Cathédrale, & des Paroisses dans lesquelles la Procession passoit. Dès qu'on est arrivé à la porte de la Ville, la Chasse est placée dans un Reposoir. M. Gosset célebrant y fait un discours à M. le Prieur de Salency, & le felicite & sa Paroisse sur le précieux Dépôt qu'il lui remet. M. le Prieur lui repond, & tant en son nom, qu'en celui de tout son Peuple, il le remercie & son respectable Chapitre, des honneurs rendus à un Saint dont la memoire lui est si chere. Ces devoirs de bienséance remplis, le Chapitre, en chantant le *Te Deum*, retourne dans son Eglise.

Voilà enfin les Habitans de Salency en possession du Trésor qu'ils désiroient depuis si long-tems. Quelques jours avant la Cérémonie, il s'étoit élevé entr'eux une pieuse contestation sur le choix des personnes qui devoient avoir l'avantage de le porter, contestation cependant qui, étant le fruit de leur dévotion, n'altera en rien parmi eux la charité. Tous prétendoient à cette prérogative, tous cependant ne pouvoient pas y participer. La prudence de leur Pasteur la termina dans ſa naiſſance. Il déféra cet honneur aux plus anciens, & décida que les quarante plus âgés de la Paroiſſe porteroient la Chaſſe tour à tour, & de diſtance en diſtance, depuis Noyon juſqu'à Salency ; & auſſi-tôt les quarante Vieillards perſuadés qu'on ne peut mieux honorer Dieu & les Saints, que par la pureté de l'ame, ſe ſanctifient tous par la reception des Sacremens.

Ce fut un ſpectacle bien attendriſſant pour toute la Ville de Noyon, de voir deux octogenaires, que le nombre de leurs années, & le poids de leurs travaux faiſoient pencher vers la terre, jetter leur bâton, s'avancer d'un pas mal aſſuré vers le Repoſoir, & recevoir ſur des épaules courbées, & d'une main tremblante ce précieux Dépôt.

La Proceſſion ſe met en marche, & trouve à ſa rencontre le Clergé de la Paroiſſe Saint Pierre de Noyon, qui l'accompagne juſqu'aux extremités de ſon terroir. Les R. P. Capucins ſe joignent à ce Cortege Religieux, & le conduiſent quelques tems. M. le Curé de Morlaincourt, avec ſon Clergé & ſa Paroiſſe, remplace ces deux Corps qui s'étoient retirés, & uniſſant ſes Prieres à celles de ces pieux Habitans, il les conduit juſqu'à l'entrée de Salency.

Enfin à deux heures & demie après midi ils arrivent dans leur Paroiſſe. Ils conduiſent & dépoſent la Chaſſe dans la Chapelle de S. Medard, bâtie ſur le lieu même où il eſt né. Ils y entendent un diſcours relatif à la Cérémonie qui les occupe depuis le matin, & après avoir donné à leur Saint Patron les témoignages les plus ſinceres de leur reſpect, & de la joie qu'ils reſſentent de voir enfin une portion de ſon Saint Corps réſider au milieu d'eux, ces bonnes gens, dont la plûpart étoient à jeun, vont prendre un ſobre repas dans leurs foyers. Quatre gardes reſtent continuellement dans la Chapelle, plus par honneur que par néceſſité : une partie de la Paroiſſe ne la quitte ni le jour, ni la nuit.

Cette premiere Tranſlation de la Chaſſe de Saint Medard de la Ville de Noyon en la Paroiſſe de Salency, devoit être ſuivie d'une ſeconde. Elle devoit être portée de la Chapelle, où on l'avoit miſe, dans l'Egliſe Paroiſſiale. Le lendemain douze Janvier fut deſtiné à cette nouvelle Cérémonie.

Cette Fête annoncée la veille au ſoir, & le jour même, de grand matin, par le ſon des Cloches, fut célébrée avec la plus grande ſolemnité. Monſieur Goſſet qui avoit chanté la veille la Meſse solemnelle en la Cathédrale, se rend, sur l'invitation de M. le Prieur, à Salency avec tous ceux qui l'avoient assisté dans la premiere Translation. Tous revêtus des Habits de leurs fonctions, & précédés du Clergé de la Paroisse, vont processionnellement à la Chapelle de Saint Medard. Après avoir chanté les Prieres, & fait les Encensemens ordinaires, la Chasse est portée solemnellement dans l'Eglise Paroissiale. On la place sous un Dais, & dans un riche Reposoir élevé au milieu du Sanctuaire. A l'instant M. le Secretaire de l'Evêché monte en Chaire, & y fait à haute & intelligible voix la lecture de l'Autentique, qu'il avoit eu l'attention de traduire en François, pour être entendue de tous les Assistans. Ensuite on continue l'Office Canonial, & au milieu de la Messe solemnelle toute l'Assemblée entend un discours prononcé en l'honneur du Saint. A peine la Messe est-elle finie que tous ces pieux Habitans s'approchent tour à tour de la Chasse, & renouvellent à leur Saint Patron, les témoignages de piété & de confiance qu'ils lui avoient donnés la veille.

A trois heures tous reviennent à l'Eglise, assistent aux Vespres, au Sermon, & au Salut, & après avoir reçu la Benediction du très Saint Sacrement, ils conduisent en Procession la précieuse Relique dans un endroit très propre & très-sûr, qui avoit été préparé pour la recevoir, & la renfermer.

On s'imagineroit peut-être qu'ici finissent tous les honneurs que les Habitans de Salency prétendoient rendre à leur Saint Patron. Ce seroit bien peu connoître le zèle du Pasteur, & la piété du Troupeau. Cette Fête dura huit jours, & les Exercices dont nous venons de parler, se renouvellerent tous les jours pendant l'Octave. M. Dumont, Chanoine de Noyon, si connu dans la Province par ses travaux Apostoliques, y fit une Mission; & la Translation de la Sainte Relique de Saint Medard dans sa Paroisse, y attira les plus abondantes Bénédictions par les bonnes œuvres qui s'y firent.

Tous les jours ce bon peuple se rendoit à l'Eglise à sept heures. Après avoir assisté à la Procession de la Chasse qu'on transportoit de l'endroit où elle étoit enfermée la nuit, dans le Reposoir où elle devoit être exposée pendant le jour, il faisoit la Prière commune, assistoit aux Messes basses qui étoient célébrées jusqu'à la Grande-Messe. A dix heures, il entendoit la Messe solemnelle qui étoit chantée par un de MM. les Curés des Paroisses voisines, qui voulant participer à la joie & aux graces de ce Peuple vertueux, venoient tous les jours tour à tour en Procession à Salency, avec leur Clergé & leur Troupeau. Au milieu de la Messe, le zélé Chanoine Missionnaire montoit en Chaire, & la fin offroit aux assistans le spectacle le plus édifiant. On voyoit tous les jours plusieurs de ces pieux habitans quitter modestement leur place, s'avancer dans le plus profond recueillement vers la Table Sainte, & y participer au plus auguste de nos Mysteres. Tous ont témoigné à Dieu leur reconnoissance par cet acte de Religion, il n'en est pas un seul, qui dans cette Paroisse composée de cinq cent cinquante Communians, sans autre loi que le mouvement de sa piété de son amour pour Dieu, de son respect pour son S. Patron, ne se soit mis en état de recevoir, & n'ait reçu en effet la Sainte Communion. Ils ne sortoient jamais de l'Eglise avant une heure après midi.

A trois heures le son des Cloches les rappelloit en ce Saint lieu, mais ils avoient prévenu l'heure marquée pour s'y rendre. Leur empressement à chanter les louanges du Seigneur, & à se nourrir de sa sainte parole, les rendoit insensibles à leurs affaires, & à leurs besoins. Ils chan-

toient

toient les Vêpres, entendoient une seconde Prédication, assistoient au Salut, & après avoir reçu la Bénédiction du très-Saint Sacrement, ils portoient tour à tour la Chasse dans le lieu d'où elle avoit été tirée le matin; tous ont participé à cet honneur. Un si grand nombre d'Exercices étoit bien capable de contenter leur devotion, cependant elle n'étoit pas encore satisfaite: le reste de la journée étoit employé à faire la Priere du soir, à reciter le Chapelet, & chanter des Cantiques Spirituels. Ils n'oubliérent jamais les Prieres auxquelles ils s'étoient engagés pour M. l'Evêque de Dijon & son Chapitre.

La longueur & l'uniformité de ces Saints Exercices n'ont jamais alteré leur ferveur, aucun n'y a jamais manqué. Tout le jour étoit consacré à la Priere, & la nuit étoit employée aux travaux domestiques & indispensables du ménage; ils n'en connûrent pas d'autres. Il seroit difficile d'exprimer quel bien fit cette Mission pour augmenter la piété dans une Paroisse déja si bien préparée à en goûter les fruits.

L'Octave cependant s'avançoit, & ce bon peuple qui ne pouvoit pourvoir à sa subsistance que par son travail, avoit oublié l'un & l'autre: Il trouvoit la Mission trop courte. La veille du dernier jour il prie M. le Prieur, qui avoit déja tant fait pour servir sa piété, de mettre le comble à ses vœux; il le conjure de conduire la Chasse de Saint Medard en Procession dans toute la Paroisse, afin que sa présence, comme celle de l'Arche d'Alliance, attire des bénédictions du Seigneur sur tous ceux qui y font leur demeure.

Ce charitable Pasteur ne peut entendre sans un vif attendrissement une priere si digne de la foi & de la piété de son Troupeau; il se prête avec joie à ses désirs. En conséquence le 19 Janvier, dernier jour de l'Octave, dès sept heures du matin, il conduit toute la Paroisse en Procession, & la précieuse Relique est portée en triomphe dans toutes les Rues du Village. A neuf heures & demie ses zelés Paroissiens rentrent dans l'Eglise, & à dix heures, ils assistent à la Messe solemnelle qui est célébrée par M. Hangard, Doyen de la Cathédrale de Noyon, Vicaire Général, & Official du Diocèse, assisté de plusieurs Membres de son Chapitre. Rien n'a été omis de tout ce qui pouvoit en augmenter la pompe & la solemnité. Tous les Exercices des jours précédens furent renouvellés dans celui ci, & ce fut avec un redoublement de dévotion & de ferveur de la part de ces bons Habitans.

A peine ont-ils eu le tems de prendre

chez eux une legere nourriture, qu'ils reviennent à l'Eglise pour y passer le reste du jour dans la Priére. Les Vêpres qu'ils chantent, la Divine parole qu'ils entendent nourrissent leur piété. Ils conduisent dans les transports d'une sainte joie, la précieuse Relique qu'on porte en Procession dans toute l'Eglise. Le chant du *Te Deum* exprime les sentimens de la vive reconnoissance dont leurs cœurs sont pénétrés; & la Bénédiction du Très-Saint Sacrement termine un jour si saintement employé, & une Octave qui sera à jamais mémorable & par les vertus qu'ils y ont pratiquées & par les graces qu'ils y ont reçûës.

Peuple sage, peuple heureux, conservez toujours des sentimens qui ont fait jusqu'à présent votre gloire & votre bonheur. Votre foi est vive, votre piété est tendre; nous n'en sommes pas surpris, vous avés des mœurs. L'esprit n'a point de peine à croire, quand le cœur est disposé à faire ce qu'il croit; la foi n'a pas de plus grand ennemi que les passions. Que votre conduite nous retrace toujours la simplicité du premier âge du monde. Que votre piété nous représente sans cesse la ferveur des premiers siécles de l'Eglise. Que des qualités si précieuses, mais malheureusement si rares se perpétuent dans vos enfans jusqu'à la derniere génération, & que la Paroisse de Salency ne cesse jamais d'être l'azile de l'innocence, & l'école de la vertu.

FIN.

NOUS avons lû le détail Historique ci-dessus, il nous a paru exact, & il est rendu d'une maniere propre à exciter des sentimens de Religion dans le cœur de ceux qui le liront. A Noyon le premier Mars 1774.

HANGARD, Doy. Vic. Gen.

Le Prix 4 sols.

www.ingramcontent.com/pod-product-compliance
Ingram Content Group UK Ltd.
Pitfield, Milton Keynes, MK11 3LW, UK
UKHW012112240726
13965UKWH00004B/1728

9 782013 06793